Made in SUD-OUEST

CORINNE JAUSSERAND

photographies de

CAROLINE FACCIOLI

tendances Larousse gourmandes

SOMMAIRE

INTRODUCTION

Je suis née dans le Sud-Ouest – le Gers très exactement – région où la gastronomie jouit d'une grande renommée. Qui n'a jamais entendu parler de confits, foies gras, cassoulets, garbures et autres croustades ?

Ma mère, qui est fort bonne cuisinière, m'a transmis dès mon plus jeune âge cet amour de la cuisine. J'adorais la regarder préparer les plats traditionnels qu'elle cuisinait avec amour et minutie. Je ne voulais rien manquer du déroulement de la recette pour pouvoir la refaire… quand je serai grande. Aller à la ferme chercher les canards gras qui venaient d'être tués pour cuisiner foies gras et confits pendant deux jours était un rituel que je n'aurais manqué pour rien au monde. Tout comme le jour où on allait chez ma grand-mère confectionner des merveilles. Cela durait toute la journée. Bien évidemment, on en mangeait presque autant qu'on en confectionnait. Car dans le Sud-Ouest, on aime bien manger, on est gourmand, on aime les bonnes choses et on est exigeant. D'ailleurs, on ne badine pas avec la qualité des produits.

Comme je le dis souvent, j'ai attrapé le virus de la cuisine toute petite et il ne m'a jamais quittée. Pour moi, cuisiner c'est vivre, transmettre, faire plaisir, aimer, partager.

Être née et avoir grandi dans cette région y est aussi sans doute pour beaucoup. Manger y est presque une « religion ». On prend le temps de se sustenter, de déguster. Tout est prétexte à un bon « gueuleton » comme on dit chez nous ! La gastronomie du Sud-Ouest est une cuisine de grand-mère, transmise de génération en génération, issue de la terre et de la mer. Une magnifique région bordée à l'ouest par l'océan Atlantique et au sud par les Pyrénées qui influencent sa gastronomie, riche en produits du terroir aussi bien qu'en produits de la mer (cèpes, noix, truffes, asperges, pruneaux, oies, canard, agneaux des Pyrénées, daurade, merlu, thon, huîtres, chipirons…).

De Bordeaux au Périgord jusqu'aux pieds du Pays Basque, en passant par le Gers, le Tarn et les Landes, les recettes ancestrales sont nombreuses. Impossible de toutes les faire figurer dans ce livre, mais j'espère que celles qui y sont vous donneront envie d'aller découvrir cette région aux paysages sublimes, aux âmes généreuses et attachantes et à la gastronomie inoubliable.

SALADE PÉRIGOURDINE

POUR 4 PERSONNES
PRÉPARATION : 15 MIN
CUISSON : 5 MIN

1 SALADE FEUILLE DE CHÊNE OU DU MESCLUN - 400 G DE GÉSIERS CONFITS - 100 G DE MAGRET DE CANARD FUMÉ - 100 G DE CERNEAUX DE NOIX - 4 TRANCHES DE FOIE GRAS

→ POUR LA VINAIGRETTE

1 CUILL. À CAFÉ DE MOUTARDE AU MIEL - 3 CUILL. À SOUPE DE VINAIGRE DE XÉRÈS - 3 CUILL. À SOUPE D'HUILE D'OLIVE - 2 CUILL. À SOUPE D'HUILE DE NOIX - SEL ET POIVRE DU MOULIN

Lavez soigneusement la salade et essorez-la. Émincez les gésiers et faites-les revenir dans une poêle afin de faire fondre la graisse et de les dorer.

Dans un bol, préparez la vinaigrette : mélangez bien la moutarde et le vinaigre. Ajoutez du sel et du poivre, puis incorporez petit à petit l'huile d'olive et l'huile de noix.

Sur chaque assiette, répartissez la salade, les gésiers confits, les tranches de magret fumé et les cerneaux de noix. Assaisonnez la salade avec la vinaigrette et ajoutez les tranches de foie gras. Servez aussitôt.

LE SAVIEZ-VOUS ?

CETTE RECETTE TRADITIONNELLE RASSEMBLAIT AUTREFOIS *tous les produits du terroir périgourdin* : LES GÉSIERS, LE MAGRET ET LE FOIE GRAS *qui proviennent des* **CANARDS** élevés dans la RÉGION. De nos jours, ON PEUT OSER QUELQUES *variantes* *et ajouter des tomates cerises*, DES *asperges*, LORSQUE C'EST LA SAISON. UN PEU PLUS AU SUD, **DANS LES LANDES,** *on y ajoute des* PIGNONS DE PIN GRILLÉS ET DES CROÛTONS AILLÉS.

TERRINE DE FOIE GRAS
AUX FIGUES & À L'ARMAGNAC

POUR 4 PERSONNES
PRÉPARATION : 30 MIN
MARINADE : 30 MIN
CUISSON : 40 MIN
REPOS : 12 H

1 FOIE GRAS DE CANARD CRU, DE PRÉFÉRENCE ÉVEINÉ, D'ENVIRON 600 G - 5 CL D'ARMAGNAC - 8 G DE FLEUR DE SEL - 1,5 G DE POIVRE DU MOULIN - 2 PINCÉES DE CANNELLE - 5 FIGUES SÉCHÉES

Sortez le foie gras du réfrigérateur 1 heure avant de le cuisiner. Il doit être à température ambiante afin de devenir plus souple et ainsi plus malléable. Si le foie n'est pas éveiné, séparez les deux lobes et, à l'aide de la pointe d'un couteau, retirez les veines ainsi que toutes les petites ramifications.

Disposez les lobes dans un plat et arrosez-les d'armagnac. Parsemez toutes les faces de sel, de poivre et de cannelle. Laissez mariner ainsi 30 minutes.

Pendant ce temps, portez une casserole d'eau à frémissements, puis plongez-y les figues 10 minutes pour les réhydrater. Égouttez-les et coupez-les en deux.

Préchauffez le four à 120 °C (th. 4). Coupez le petit lobe en deux dans l'épaisseur pour en couvrir le fond d'une terrine, côté lisse contre la terrine. Disposez les figues coupées en deux sur le lobe, de préférence vers le centre. Couvrez avec le gros lobe, face lisse et bombée sur le dessus, en appuyant pour que le foie épouse bien la forme de la terrine.

Placez la terrine munie de son couvercle dans un plat à four rempli d'eau chaude. L'eau doit atteindre les trois quarts de la hauteur de la terrine. Enfournez et laissez cuire pendant 40 minutes. Sortez la terrine du four et laissez-la refroidir 2 heures à température ambiante. Filtrez l'excédent de graisse avec une petite passoire et réservez-la.

Découpez un carton un peu épais (de type carton d'emballage alimentaire) à la taille de la terrine. Enveloppez-le dans plusieurs épaisseurs de film alimentaire et disposez-le sur le foie gras. Placez un poids sur le carton (brique de crème liquide ou boîte de conserve). Réservez au frais une nuit entière.

Le lendemain, retirez le carton. Faites fondre la graisse réserveée et couvrez-en le foie d'une légère couche. Cela permet de le conserver plus longtemps et l'empêche de s'oxyder à l'air.

LE SAVIEZ-VOUS ?

LE SUD-OUEST EST LE PREMIER PRODUCTEUR DE **FOIE GRAS** AU MONDE. On ne peut pas parler DE *cette région* SANS ÉVOQUER CE PRODUIT *noble*, SYNONYME DE *plaisir des sens*.

CONSEILS :

* Vous pouvez remplacer l'armagnac par du sauternes ou du cognac.
* L'idéal est de conserver le foie gras au moins 4 jours au frais avant de le consommer.

BROUILLADE *aux* TRUFFES

POUR 4 PERSONNES
PRÉPARATION : 10 MIN
CUISSON : 10 MIN
REPOS : 2 H

30 G DE TRUFFES FRAÎCHES - 8 ŒUFS - 10 CL DE CRÈME FRAÎCHE - SEL ET POIVRE DU MOULIN

Un ou deux jours avant la préparation de la brouillade, enfermez les truffes fraîches dans une boîte hermétique avec les œufs. Placez celle-ci au réfrigérateur. La coquille d'œuf étant poreuse, la truffe va parfumer l'œuf.

Environ 2 heures avant le repas, battez les œufs dans un saladier. Brossez les truffes et pelez-les, puis coupez-les en petits copeaux. Ajoutez-les aux œufs. Salez et poivrez. Laissez reposer 2 heures afin que la truffe diffuse son puissant arôme dans les œufs.

La brouillade doit être préparée dans un bain-marie juste avant de passer à table. Pour cela, placez les œufs battus dans un cul-de-poule ou une petite casserole posés sur une casserole d'eau portée à ébullition. Baissez le feu afin que les œufs cuisent lentement. À l'aide d'un fouet, remuez sans cesse jusqu'à obtention d'une consistance crémeuse. Hors du feu, ajoutez la crème afin de stopper la cuisson. Remuez une dernière fois et servez aussitôt.

LE SAVIEZ-VOUS ?

LA TRUFFE DU PÉRIGORD, TUBER MELANOSPORUM, EST LA PLUS *recherchée*. ON LA TROUVE SUR LES CÉLÈBRES MARCHÉS *aux truffes de Lalbenque*, DE **SARLAT** OU DE **PÉRIGUEUX** DE NOVEMBRE À MARS. *Une bonne idée* de week-end en perspective. ET L'OCCASION DE RAMENER **DES TRUFFES** À UN PRIX TRÈS *compétitif*.

<u>IDÉE :</u> gardez précieusement les pelures de truffe et mettez-les dans un flacon avec de l'huile d'olive pour la parfumer. Vous obtiendrez ainsi une délicieuse huile de truffe.

PINTXOS TERRE & MER

POUR 16 PINTXOS ENVIRON (8 DE CHAQUE)
PRÉPARATION : 20 MIN
CUISSON : 15 MIN

→ POUR LES PINTXOS CÔTÉ MER
1/2 BAGUETTE - 1/2 POIVRON ROUGE - 1/2 POIVRON VERT - HUILE D'OLIVE - THYM - 8 ANCHOIS MARINÉS - SEL ET POIVRE DU MOULIN

→ POUR LES PINTXOS CÔTÉ TERRE
1 GROSSE TOMATE - 1/2 OIGNON BLANC - HUILE D'OLIVE - 1/2 BAGUETTE - 1 GOUSSE D'AIL - 8 TRANCHES DE JAMBON SERRANO COUPÉES EN CHIFFONNADE - 30 G D'OSSAU-IRATY - SEL ET POIVRE DU MOULIN

LE SAVIEZ-VOUS ?

PINTXOS SE PRONONCE « PINCHOS » ! « **PINTXOS** » *est le nom basque* DE CES PETITES TRANCHES **DE BAGUETTE GRILLÉES** SUR LESQUELLES SONT DISPOSÉS DES *poivrons*, DES *anchois*, DU JAMBON, DU CHORIZO MAIS AUSSI DE LA *morue* OU DES *tomates*... CE SONT DES **TAPAS** QUE L'ON DÉGUSTE DU BOUT DES DOIGTS SUR LES COMPTOIRS DES BARS **DU PAYS BASQUE** **FRANÇAIS OU ESPAGNOL.** ILS SONT TRÈS APPRÉCIÉS à **L'APÉRITIF** *et faciles à réaliser.*

Préparez les pintxos côté mer. Tranchez la baguette en fines rondelles et faites-les griller.

Coupez les poivrons en lanières et faites-les revenir 15 minutes dans une poêle, avec l'huile d'olive et le thym. Salez et poivrez.

Disposez les lanières de poivron sur les tranches de baguette, puis couvrez chacune d'elles d'un anchois mariné. Poivrez à nouveau et dégustez.

Préparez les pintxos côté terre. Lavez la tomate et coupez-la en petits dés. Émincez le demi-oignon blanc. Mettez la tomate et l'oignon dans un bol, ajoutez de l'huile d'olive, du sel et du poivre. Laissez mariner quelques minutes.

Pendant ce temps, tranchez la baguette en fines rondelles et faites-les griller, puis frottez-les avec la gousse d'ail. Couvrez-les de dés de tomate marinés, disposez dessus un peu de chiffonnade de jambon et parsemez de quelques copeaux d'ossau-iraty.

PINTXOS CÔTÉ TERRE
PINTXOS CÔTÉ MER

Escalopes de FOIE GRAS DE CANARD au raisin

POUR 4 PERSONNES
PRÉPARATION : 10 MIN
CUISSON : 5 MIN

1 FOIE GRAS DE CANARD CRU DE 400 G OU 4 BELLES ESCALOPES - 20 GRAINS DE RAISIN BLANC - 1/2 VERRE DE VIN BLANC DOUX (SAUTERNES OU JURANÇON) - FLEUR DE SEL ET POIVRE DU MOULIN

Si vous utilisez un foie entier, détaillez-le en 4 belles escalopes épaisses ou 8 escalopes plus fines si vous préférez. Vous pouvez aussi trouver des escalopes prédécoupées sous vide. Passez les grains de raisin sous l'eau, puis essuyez-les bien.

Faites chauffer une poêle antiadhésive et poêlez les escalopes de 30 secondes à 1 minute de chaque côté à feu vif sans ajouter de matière grasse. À l'aide d'une spatule, retirez les escalopes de la poêle et disposez-les sur un plat préalablement chauffé, puis couvrez d'une feuille d'aluminium.

Versez le vin blanc dans la poêle encore chaude afin de déglacer les sucs. Ajoutez les grains de raisin et faites-les revenir à feu vif, en laissant réduire jusqu'à ce que la sauce devienne un peu sirupeuse.

Parsemez les escalopes de fleur de sel et de poivre, puis répartissez-les sur quatre assiettes. Ajoutez les graines de raisin et nappez de sauce. Dégustez aussitôt.

LE SAVIEZ-VOUS ?

VOICI UNE AUTRE FAÇON DE CUISINER **LE FOIE GRAS, qui, dans le Sud-Ouest,** est un produit incontournable. CETTE RECETTE TRÈS RAPIDE *et facile à réaliser épatera* VOS *convives*.

VARIANTE : vous pouvez remplacer le vin blanc par du pineau des Charentes.

PIQUILLOS FARCIS
À LA MORUE

POUR 4 PERSONNES
PRÉPARATION : 50 MIN
CUISSON : 40 MIN
DESSALAGE : 24 H

500 G DE MORUE SALÉE - 1 BOUQUET GARNI - 300 G DE POMMES DE TERRE
3 GOUSSES D'AIL - 1 OIGNON - 20 CL D'HUILE D'OLIVE - 1/2 CUILL. À CAFÉ DE PIMENT D'ESPELETTE EN POUDRE - 400 G DE PIMIENTOS DEL PIQUILLO EN BOCAL
25 CL DE CRÈME LIQUIDE - SEL

La veille, faites dessaler la morue pour 24 heures dans de l'eau froide, en changeant l'eau à plusieurs reprises.

Le jour-même, plongez la morue dans une casserole d'eau froide avec le bouquet garni et portez à ébullition pour 5 minutes, puis éteignez le feu. Laissez pocher 5 minutes de plus dans l'eau et égouttez. Pelez la morue, enlevez les arêtes et émiettez la chair.

Épluchez les pommes de terre et coupez-les en dés. Faites-les cuire dans une casserole d'eau bouillante de 15 à 20 minutes. Égouttez-les et écrasez-les à la fourchette.

Épluchez l'ail et l'oignon, et hachez-les finement. Versez l'huile d'olive dans une poêle et faites revenir l'ail et l'oignon 5 minutes. Ajoutez la morue et les pommes de terre. Mélangez bien et arrêtez la cuisson. Salez légèrement, parsemez de piment d'Espelette.

Préchauffez le four à 180 °C (th. 6). Égouttez les piquillos et mettez de côté ceux qui sont entiers. Garnissez ces derniers avec la préparation à la morue, puis disposez-les dans un plat allant au four. Comptez, selon leur taille, 2 à 3 piquillos par personne.

Versez la crème liquide dans une casserole et ajoutez quelques piquillos coupés en petits morceaux, de façon à réaliser un coulis. Laissez cuire à feu doux 2 minutes et mixez le tout. Nappez les piquillos farcis avec le coulis et enfournez pour 10 minutes.

LE SAVIEZ-VOUS ?

PENDANT DES SIÈCLES, LES BASQUES ONT PÊCHÉ *la morue* JUSQU'À **TERRE-NEUVE**. C'EST POURQUOI la morue est souvent présente dans LA GASTRONOMIE BASQUE. **LES PIMIENTOS DEL PIQUILLO** SONT DES *petits poivrons doux* **ORIGINAIRE DE NAVARRE.**

ASTUCE : Pour gagner du temps, farcissez les piquillos avec de la brandade de morue toute prête achetée chez le poissonnier.

TOURIN À L'AIL

POUR 4 PERSONNES
PRÉPARATION : 10 MIN
CUISSON : 40 MIN

1 GROSSE TÊTE D'AIL - 2 CUILL. À SOUPE DE GRAISSE DE CANARD - 2 CUILL. À SOUPE DE FARINE - 2 OU 3 ŒUFS, SELON LA TAILLE - 2 CUILL. À SOUPE DE VINAIGRE DE CIDRE - SEL ET POIVRE DU MOULIN

Pelez les gousses d'ail et détaillez-les gousses en lamelles. Versez la graisse de canard dans une casserole et faites revenir l'ail à feu très doux jusqu'à ce qu'il devienne translucide. Attention, ne le laissez pas colorer. Ajoutez la farine, mélangez bien et versez petit à petit 1,5 l d'eau. Salez, poivrez et portez à ébullition. Laissez mijoter doucement pendant 40 minutes.

Pendant ce temps, séparez les blancs d'œufs des jaunes dans 2 bols. Battez bien les jaunes d'œufs, puis incorporez le vinaigre.

Cinq minutes avant la fin de la cuisson, ajoutez les blancs d'œufs et remuez énergiquement afin de les désagréger. Lorsque la cuisson est terminée, incorporez le mélange de jaunes d'œufs et de vinaigre.

Si vous devez faire réchauffer le tourin, ce dernier ne doit pas bouillir à nouveau. Servez bien chaud avec quelques croûtons.

LE SAVIEZ-VOUS ?

LE TOURIN À L'AIL EST TRÈS RÉPANDU EN AQUITAINE. *C'est même une* ***institution***, AVEC UNE RECETTE QUI VARIE *peu d'une* **FAMILLE** *à l'autre.* LE TOURIN POSSÈDE, PARAÎT-IL, LE POUVOIR DE FAIRE *disparaître* **LA GUEULE DE BOIS** APRÈS *une soirée arrosée.* SANS DOUTE grâce aux vertus de l'ail qui facilite **LA DIGESTION.** AUTREFOIS LES HOMMES AJOUTAIENT **UN PEU DE** *vin rouge* **DANS LE FOND DE L'ASSIETTE : C'EST CE QUE** l'on appelait « *faire chabrot* ».

LE SUD-OUEST, C'EST AVANT TOUT DES PRODUITS PHARES INCONTOURNABLES. TRUFFES, FOIE GRAS, PIMENT, CANARD...

PRÉFÉREZ DES PRODUITS DE QUALITÉ, VOS PLATS EN SERONT SUBLIMÉS !

MAGRET DE CANARD *aux pommes et aux cèpes*

POUR 4 PERSONNES
PRÉPARATION : 20 MIN
CUISSON : 40 MIN

4 MAGRETS DE CANARD - 400 G DE CÈPES FRAIS - 2 POMMES ROUGES - 3 CUILL. À SOUPE D'HUILE - 30 G DE BEURRE - 1 CUILL. À SOUPE DE MIEL - PERSIL - SEL DE GUÉRANDE ET POIVRE DU MOULIN

À l'aide d'un couteau, quadrillez la graisse des magrets de canard en faisant bien attention à ne pas inciser la viande.

Coupez les bouts terreux des cèpes et, à l'aide d'un chiffon à peine humide, nettoyez-les. Coupez-les en morceaux.

Dans une poêle préalablement chauffée, disposez les magrets côté peau en-dessous. Faites-les cuire à feu doux pendant 5 minutes pour faire fondre la graisse, puis jetez la graisse fondue et poursuivez la cuisson 5 minutes à feu moyen. Retournez les magrets et faites-les cuire 5 à 7 minutes (selon la cuisson souhaitée). Salez et poivrez. Couvrez les magrets d'une feuille d'aluminium et laissez-les reposer afin que la chair se détende, elle sera ainsi plus tendre.

Versez l'huile dans une poêle et faites revenir les cèpes environ 15 minutes, en les retournant souvent et en veillant à ne pas les laisser brûler.

Lavez les pommes et détaillez-les en cubes. Dans une autre poêle, laissez fondre le beurre, faites revenir les morceaux de pomme environ 5 minutes, puis ajoutez le miel. Poursuivez la cuisson pendant 5 minutes en remuant souvent, puis mélangez les pommes avec les cèpes et le persil.

Découpez les magrets en tranches et servez-les accompagnés de la poêlée de cèpes et de pommes.

SUGGESTION

Vous pouvez utiliser des **CÈPES SURGELÉS OU EN CONSERVE.** MAIS **RIEN** NE VAUT LES CÈPES *frais* CUEILLIS À L'AUTOMNE DANS **NOS FORÊTS.**

CONFIT DE CANARD & POMMES SARLADAISES

POUR 4 PERSONNES
PRÉPARATION : 20 MIN
CUISSON : 40 MIN

4 CUISSES DE CONFIT DE CANARD - 1 KG DE POMMES DE TERRE À CHAIR FERME - 2 GOUSSES D'AIL - 2 CUILL. À SOUPE DE PERSIL CISELÉ - SEL DE GUÉRANDE ET POIVRE DU MOULIN

Préchauffez le four à 180 °C (th. 6). Disposez les cuisses de canard dans un plat allant au four, côté chair contre le plat. Enfournez pour environ 20 minutes. La graisse doit fondre et la peau doit être bien dorée.

Pelez les pommes de terre, coupez-les en rondelles d'1/2 cm d'épaisseur, rincez-les sous l'eau froide et essuyez-les bien avec du papier absorbant.

Retirez les cuisses de canard du plat en conservant la graisse fondue. Réservez les cuisses au chaud pendant la préparation des pommes de terre. Prélevez 15 cl de graisse de canard fondue et versez-la dans une grande sauteuse. Ajoutez les pommes de terre et faites-les revenir à feu moyen 15 à 20 minutes, en les retournant souvent afin qu'elles soient bien dorées sur les deux faces.

Pendant la cuisson, épluchez l'ail, lavez le persil et hachez le tout afin d'obtenir une persillade.Lorsque les pommes de terre sont bien dorées, mais encore moelleuses à l'intérieur, salez, poivrez et ajoutez la persillade. Mélangez bien et arrêtez aussitôt la cuisson. Égouttez les pommes de terre s'il y a trop de graisse.

Servez le confit de canard accompagné des pommes de terre sarladaises.

LE SAVIEZ-VOUS ?

LE CONFIT DE CANARD, nécessite une longue préparation. **LES CUISSES DE CANARD** SONT D'ABORD RECOUVERTES DE GROS SEL ET CELA PENDANT *plusieurs heures*. C'EST L'ÉTAPE DE LA SALAISON. Après les en avoir débarrassé à l'aide D'UN **BROSSAGE**, ELLES SONT IMMERGÉES ENTIÈREMENT DANS **DE LA GRAISSE DE CANARD** et cuites à basse TEMPÉRATURE. C'est à ce moment-là seulement qu'on les appelle « **CONFIT DE CANARD** ».

CONSEIL : vous pouvez trouver du confit de canard très facilement, quel que soit l'endroit où vous habitez, chez votre boucher, au supermarché (présenté dans des bocaux, dans des boîtes de conserve métalliques ou sous vide) ou encore dans les magasins de produits surgelés.

GARBURE gasconne

POUR 4 PERSONNES
PRÉPARATION : 20 MIN
CUISSON : 2 H 15
TREMPAGE : 12 H

200 G DE HARICOTS BLANCS SECS (HARICOTS TARBAIS) - 4 CUISSES DE CANARD CONFITES - 1 POIREAU - 1 BRANCHE DE CÉLERI - 3 CAROTTES - 4 POMMES DE TERRE - 2 NAVETS - 1/2 CHOU VERT - 1 OIGNON - 4 GOUSSES D'AIL - 1 TALON DE JAMBON, AVEC LE GRAS - 1 PETIT BOUQUET GARNI - SEL ET POIVRE DU MOULIN

La veille, faites tremper les haricots blancs dans de l'eau froide.

Le jour-même, faites chauffer les cuisses de canard dans une poêle afin de faire fondre la graisse. Réservez-la.

Lavez le poireau et la branche de céleri, puis coupez-les en tronçons. Épluchez les carottes, les pommes de terre et les navets, lavez-les et coupez-les en morceaux. Émincez le chou. Pelez l'oignon et l'ail. Coupez l'oignon en quatre.

Versez la graisse de canard dans une marmite et faites-y revenir tout doucement pendant 10 minutes tous les légumes, à l'exception des pommes de terre. Remuez souvent afin que les légumes cuisent harmonieusement. Ajoutez le jambon, le bouquet garni, et couvrez le tout avec 3 l d'eau. Salez et poivrez. Laissez mijoter à feu doux pendant environ 1 h 30. Ajoutez le confit et les pommes de terre, et prolongez la cuisson de 30 minutes afin que le confit parfume la garbure. Servez bien chaud.

LE SAVIEZ-VOUS ?

LE SECRET D'UNE GARBURE RÉUSSIE EST SA *cuisson*. PLUS ELLE **MIJOTE, MEILLEURE** ELLE EST ! C'est un vrai plat complet que l'on sert **TRADITIONNELLEMENT** *l'hiver*.

POULET BASQUAISE

POUR 4 PERSONNES
PRÉPARATION : 15 MIN
CUISSON : 1 H 05 À 1 H 10

1 POULET FERMIER D'1,3 KG ENVIRON - 2 OIGNONS - 3 GOUSSES D'AIL - 2 POIVRONS VERTS - 3 POIVRONS ROUGES - 1 KG DE TOMATES BIEN MÛRES - 3 CUILL. À SOUPE D'HUILE D'OLIVE - 1 BOUQUET GARNI - SEL ET POIVRE DU MOULIN

Demandez à votre boucher de couper le poulet en morceaux ; vous pouvez aussi le faire vous-même.

Pelez les oignons et l'ail, puis émincez-les. Coupez les poivrons en deux, épépinez-les, retirez les parties blanches et taillez-les en lanières. Incisez les tomates et plongez-les dans une casserole d'eau bouillante pour 2 minutes. Pelez les tomates et coupez-les en cubes.

Versez l'huile d'olive dans une cocotte et faites-y revenir les morceaux de poulet pendant environ 15 minutes. Lorsqu'ils sont bien dorés sur toutes les faces, sortez-les de la cocotte et réservez-les.

Faites revenir dans la même cocotte les oignons, l'ail et les poivrons à feu moyen environ 10 minutes. Ajoutez les tomates, couvrez et laissez mijoter à feu doux 10 minutes de plus.

Incorporez les morceaux de volaille et le bouquet garni. Salez, poivrez et laissez mijoter à feu doux 30 à 40 minutes. Au besoin, versez 1 verre d'eau en cours de cuisson.

LE SAVIEZ-VOUS ?

UN PLAT EST DIT **À LA BASQUAISE** *quand il se compose* DE **TOMATE**, DE **POIVRON** *et d'* **AIL** *et, parfois,* **DE JAMBON DE BAYONNE.**

VARIANTE : Vous pouvez remplacer le poivre par du piment d'Espelette.

Le FRESINAT

POUR 4 PERSONNES
PRÉPARATION : 25 MIN
CUISSON : 40 MIN

800 G DE POMMES DE TERRE À CHAIR FERME DE TYPE MONALISA - 800 G DE GORGE OU D'ÉCHINE DE PORC - 50 G DE GRAISSE DE CANARD - 3 CL D'HUILE DE TOURNESOL - 4 GOUSSES D'AIL - 1/2 BOUQUET DE PERSIL - SEL ET POIVRE DU MOULIN

Épluchez les pommes de terre et coupez-les en cubes. Passez-les sous l'eau froide et séchez-les. Coupez le porc en petits carrés de la même taille que les pommes de terre.

Dans une première poêle, faites rissoler les pommes de terre avec la graisse de canard jusqu'à ce qu'elles prennent une jolie couleur dorée. Pendant ce temps, dans une seconde poêle, faites revenir les morceaux de porc avec l'huile pendant environ 40 minutes.

Épluchez l'ail, lavez le persil et hachez finement le tout afin d'obtenir une persillade.

En fin de cuisson, mélangez dans une même poêle le porc et les pommes de terre, salez, poivrez et parsemez le tout de persillade. Remuez et servez aussitôt.

LE SAVIEZ-VOUS ?

ORIGINAIRE DU TARN, *cette recette* était souvent réalisée **LE JOUR OÙ LE** *cochon* **ÉTAIT TUÉ.** C'EST UN PLAT **FAMILIAL** ET **CONVIVIAL** TRÈS FACILE À PRÉPARER IDÉAL POUR DE *grandes tablées.*

CONSEIL : ne faites pas cuire la persillade. Une fois que vous l'avez mélangée avec les pommes de terre et le porc, coupez la cuisson.

DAUBE DE BŒUF *aux pruneaux*

POUR 4 PERSONNES
PRÉPARATION : 25 MIN
CUISSON : 3 H 10 À 3 H 40

1,2 KG DE JOUE DE BŒUF OU DE GÎTE - 800 G DE CAROTTES - 2 OIGNONS - 3 CUILL. À SOUPE D'HUILE DE TOURNESOL - 150 G DE LARDONS FUMÉS - 3 CUILL. À SOUPE DE FARINE - 75 CL DE VIN ROUGE - 3 FEUILLES DE LAURIER - 12 PRUNEAUX D'AGEN - SEL ET POIVRE DU MOULIN

Coupez la viande de bœuf en gros morceaux. Épluchez les carottes et les oignons. Lavez les carottes et coupez-les en rondelles. Émincez les oignons.

Versez l'huile dans une cocotte et faites revenir les oignons 5 minutes à feu vif. Ajoutez les morceaux de bœuf et les lardons. Remuez régulièrement afin que la viande cuise bien de tous les côtés. Saupoudrez de farine et remuez pour bien en enrober les morceaux de viande. Prolongez la cuisson de 3 minutes.

Versez le vin rouge dans la cocotte de façon à couvrir la viande. Remuez pour bien lier le tout. Salez, poivrez et ajoutez le laurier. Portez à ébullition, puis baissez le feu et couvrez. Laissez mijoter à feu doux pendant 1 h 30.

Ajoutez alors les carottes et les pruneaux, puis prolongez la cuisson de 1 h 30 à 2 heures. Si en cours de cuisson, la viande n'est plus couverte de sauce, ajoutez 1 à 2 verres d'eau.

Servez la daube de bœuf accompagnée de pommes de terre vapeur ou de tagliatelles.

LE SAVIEZ-VOUS ?

LA DAUBE SE CONSERVE plusieurs jours, aussi n'hésitez pas À EN FAIRE EN *quantité* SUFFISANTE. N'OUBLIEZ PAS : PLUS *elle mijotera, meilleure elle sera.*

CONSEIL : il est important de choisir un bon vin rouge pour réaliser cette recette ; un bordeaux sera parfait.

ENTRECÔTE À LA BORDELAISE

POUR 4 PERSONNES
PRÉPARATION : 15 MIN
CUISSON : 35 MIN

2 ÉCHALOTES - 20 G DE BEURRE + 40 G - 1 CUILL. À CAFÉ DE FARINE - 30 CL DE VIN ROUGE - 1 CUILL. À SOUPE DE FOND DE VEAU - 1 BRANCHE DE THYM FRAIS - 1 OS À MOELLE - 3 CUILL. À SOUPE D'HUILE DE TOURNESOL - 2 ENTRECÔTES DE 400 À 500 G CHACUNE - SEL DE GUÉRANDE, FLEUR DE SEL ET POIVRE DU MOULIN

Pelez les échalotes et hachez-les finement. Laissez fondre 20 g de beurre dans une casserole et faites revenir les échalotes 5 à 6 minutes. Saupoudrez de farine et versez tout doucement le vin rouge, tout en mélangeant avec un fouet. Délayez le fond de veau avec 10 cl d'eau chaude et incorporez-le à la sauce. Ajoutez le thym, salez, poivrez et poursuivez la cuisson environ 25 minutes, en laissant réduire de moitié. À cette étape de la recette, vous pouvez passer la sauce au chinois si vous la préférez lisse et onctueuse.

Retirez la moelle de l'os en vous aidant d'un couteau. Coupez-la en cubes et ajoutez-la à la sauce. Baissez le feu et poursuivez la cuisson 5 minutes de plus, puis incorporez petit à petit 40 g de beurre, tout en fouettant. Arrêtez la cuisson et réservez. La sauce doit être lisse, brillante et napper la cuillère.

Versez l'huile dans une poêle antiadhésive et faites dorer les entrecôtes des deux côtés jusqu'à obtention de la cuisson désirée. Parsemez de fleur de sel et de poivre.

Servez aussitôt les entrecôtes nappées de sauce bordelaise.

CONSEIL

ACCOMPAGNEZ LA VIANDE DE GROSSES **FRITES MAISON** ARROSÉES DE 3 CUILLERÉES à soupe *d'huile d'olive*, PARSEMÉES DE THYM FRAIS ET CUITES **LONGUEMENT AU FOUR.**

AXOA

POUR 4 PERSONNES
PRÉPARATION : 20 MIN
CUISSON : 50 MIN

600 G D'ÉPAULE DE VEAU DÉSOSSÉE - 2 OIGNONS - 2 GOUSSES D'AIL - 8 PIMENTS VERTS DOUX - 1 POIVRON ROUGE - 2 TOMATES - 4 CUILL. À SOUPE D'HUILE D'OLIVE - PIMENT D'ESPELETTE EN POUDRE - SEL

Hachez la viande très finement ou demandez à votre boucher de le faire.

Épluchez les oignons et l'ail, puis hachez-les. Lavez les piments et le poivron, puis coupez-les en lanières. Lavez les tomates et coupez-les en petits cubes.

Versez l'huile dans une cocotte et faites-y dorer les oignons, l'ail, les piments, le poivron et les tomates pendant 5 minutes. Ajoutez le veau et mélangez bien.

Versez suffisamment d'eau pour couvrir la viande. Salez, portez à ébullition, puis couvrez. Laissez mijoter pendant 45 minutes.

Servez l'axoa de veau chaud relevé d'une pointe de piment d'Espelette.

LE SAVIEZ-VOUS ?

AXOA SE PRONONCE « *Achoa* ». **IL EXISTE** de nombreuses variantes **DE CE PLAT RUSTIQUE** *traditionnel.*

AGNEAU DE LAIT *des Pyrénées* & *légumes printaniers*

POUR 4 PERSONNES
PRÉPARATION : 30 MIN
CUISSON : 30 MIN
MARINADE : 12 H

2 CARRÉS DE 6 CÔTES D'AGNEAU DE LAIT DES PYRÉNÉES - 5 CL D'HUILE D'OLIVE - QUELQUES BRANCHES DE THYM - QUELQUES BRINS DE ROMARIN - 8 PETITES CAROTTES FANES - 8 ASPERGES VERTES - 100 G DE POIS GOURMANDS - 2 OU 3 GRAPPES DE TOMATES CERISES - 4 OIGNONS BLANCS NOUVEAUX - SEL DE GUÉRANDE ET POIVRE DU MOULIN

LE SAVIEZ-VOUS ?

L'AGNEAU DE LAIT *des Pyrénées* DOIT SON GOÛT INCOMPARABLE AU FAIT QUE LE PETIT NE S'EST NOURRI QUE DU LAIT **DE SA MÈRE. SA VIANDE EST** réputée pour sa *tendreté* ET SON GOÛT **TRÈS FIN**. IL EST TRADITIONNELLEMENT *dégusté à* **PÂQUES**.

La veille, disposez les carrés d'agneau dans un plat. À l'aide d'un pinceau, badigeonnez la viande d'huile d'olive. Couvrez-la entièrement de thym et de romarin. Enveloppez le tout de film alimentaire afin que la viande s'imprègne bien du parfum des herbes aromatiques. Placez au frais pour la nuit.

Préchauffez le four à 180 °C (th. 6). Pelez les carottes fanes. Coupez le bout des asperges pour ne garder que la partie tendre.

Lavez les carottes, les asperges, les pois gourmands et les tomates en grappe. Nettoyez les oignons blancs et coupez-les en quatre. Coupez les carottes en deux dans la longueur si elles sont un peu grosses.

Ôtez le film alimentaire et disposez les carrés d'agneau dans un grand plat à four ou sur une lèchefrite. Disposez tout autour les légumes. Parsemez des herbes ayant servi pour la marinade. Arrosez le tout d'huile d'olive. Salez et poivrez. Enfournez pour environ 30 minutes.

Coupez chaque carré de 6 côtes en deux afin d'obtenir 4 carrés de 3 côtes. Disposez-les sur les assiettes accompagnés des légumes rôtis.

CONSEIL : n'hésitez pas à retourner les légumes en cours de cuisson afin qu'ils dorent bien de tous les côtés.

CASSOULET

POUR 4 PERSONNES
PRÉPARATION : 30 MIN
CUISSON : 3 H
TREMPAGE : 12 H

LE SAVIEZ-VOUS ?

Il y a une multitude de recettes de **CASSOULET**. SUIVANT QU'IL EST **DE TOULOUSE OU DE CASTELNAUDARY,** LES **INGRÉDIENTS** DIFFÈRENT. Mais tous sont aussi *délicieux* les uns que les autres. VOICI UNE RECETTE SIMPLIFIÉE *qui vous permettra de le préparer* plus **FACILEMENT** et **RAPIDEMENT** **QUE L'AUTHENTIQUE, MAIS QUI** *satisfera* TOUT DE MÊME PLEINEMENT VOS **PAPILLES** !

500 G DE HARICOTS TARBAIS SECS OU DE HARICOTS LINGOTS - 4 CUISSES DE CANARD CONFITES - 2 OIGNONS - 3 GOUSSES D'AIL - 200 G DE TOMATES PELÉES ET CONCASSÉES EN CONSERVE - 80 G DE COUENNE DE PORC - 1 BOUQUET GARNI - 4 SAUCISSES DE TOULOUSE - 2 CUILL. À SOUPE D'HUILE D'ARACHIDE - SEL ET POIVRE DU MOULIN

La veille, faites tremper les haricots secs dans un saladier rempli d'eau.

Le jour même, faites-les cuire 30 minutes dans une casserole d'eau bouillante. Égouttez-les.

Préchauffez le four à 180 °C (th. 6). Placez les cuisses de canard dans un plat allant au four. Enfournez pour 10 minutes, le temps de faire fondre la graisse du confit.

Pelez et hachez les oignons et l'ail. Versez la graisse du confit dans une cocotte en fonte ou en terre. Faites revenir 5 minutes les oignons et l'ail, puis ajoutez les tomates. Faites revenir 5 minutes, puis ajoutez les haricots, la couenne et le bouquet garni. Salez légèrement et poivrez. Versez de l'eau de manière à couvrir le tout et laissez mijoter à feu doux 1 h 30.

Pendant ce temps, versez l'huile dans une poêle, et faites cuire les saucisses environ 15 minutes en les retournant de temps en temps. Réservez.

Ajoutez le confit et les saucisses coupées en 2 ou 3 morceaux dans la cocotte, versez un peu d'eau pour couvrir et remuez afin que la viande soit bien couverte par les haricots. Poursuivez la cuisson à feu doux 1 heure de plus.

Servez le cassoulet bien chaud. Il peut être réchauffé plusieurs fois, il n'en sera que meilleur. Vous pouvez également le passer quelques minutes au four.

OMELETTE *aux* CÈPES

POUR 4 PERSONNES
PRÉPARATION : 15 MIN
CUISSON : 15 MIN

300 G DE CÈPES - 3 CUILL. À SOUPE D'HUILE DE TOURNESOL - 8 ŒUFS - 2 GOUSSES D'AIL - 4 BRINS DE PERSIL PLAT - SEL ET POIVRE DU MOULIN

Coupez le bout terreux du pied des cèpes. Essuyez-les avec un torchon légèrement humide. Coupez-les en grosses lamelles.

Versez l'huile dans une poêle antiadhésive et faites-y revenir les cèpes 5 ou 6 minutes, en remuant de temps en temps pour qu'ils ne brûlent pas.

Cassez les œufs dans un saladier et battez-les à l'aide d'une fourchette. Salez et poivrez. Épluchez l'ail et lavez le persil. Préparez une persillade en les hachant finement.

Lorsque les cèpes sont cuits, ajoutez la persillade, remuez, puis versez aussitôt les œufs battus. Remuez à l'aide d'une spatule en bois. Une fois les œufs pris, repliez l'omelette.

Servez aussitôt avec une salade verte.

LE SAVIEZ-VOUS ?

La saison des cèpes s'étend d'août à octobre. **MÊME SI RIEN NE VAUT LES FRAIS, HORS SAISON,** vous pouvez *utiliser des cèpes séchés* EN LES RÉHYDRATANT **15 MINUTES** DANS UN BOL D'EAU CHAUDE.

PIPERADE

POUR 4 PERSONNES
PRÉPARATION : 15 MIN
CUISSON : 30 MIN

500 G DE PIMENTS VERTS DOUX - 2 POIVRONS ROUGES - 8 TOMATES MÛRES - 2 OIGNONS - 2 GOUSSES D'AIL - 3 CUILL. À SOUPE D'HUILE D'OLIVE - QUELQUES BRANCHES DE THYM FRAIS - 1 MORCEAU DE SUCRE - 2 PINCÉES DE PIMENT D'ESPELETTE - 3 ŒUFS - 4 TRANCHES DE JAMBON DE BAYONNE - SEL

Enlevez le pédoncule des piments et des poivrons, épépinez-les et coupez-les en lanières.

Plongez les tomates pour 2 minutes dans de l'eau bouillante, après les avoir entaillées à chaque extrémité à l'aide d'un couteau. Pelez-les et coupez-les en cubes.

Épluchez les oignons et l'ail, puis émincez-les. Faites-les revenir dans une sauteuse avec l'huile d'olive pendant 5 minutes. Ajoutez les piments et les poivrons et laissez cuire jusqu'à ce qu'ils soient bien confits. Ajoutez les tomates coupées en dés et le thym et versez le sucre pour corriger un peu l'acidité. Salez et parsemez de piment d'Espelette. Laissez mijoter à feu doux, en remuant souvent, pendant environ 20 minutes.

Battez les œufs en omelette. Lorsque la piperade est cuite, arrêtez la cuisson et incorporez les œufs. Ne la remettez surtout pas sur le feu.

Servez avec de belles tranches de jambon de Bayonne grillées au four ou revenues à la poêle.

LE SAVIEZ-VOUS ?

SAVEZ-VOUS QUE LA PIPERADE RAPPELLE LES COULEURS **DU DRAPEAU BASQUE** *(rouge, vert et blanc)*, APPELÉ IKURRIÑA ?

4,50 € la poche
(1 Kilo)
ORIGINE

LE SUD-OUEST,
CE N'EST PAS QUE LE TERROIR,
C'EST AUSSI LES PRODUITS DE LA MER.
CHIPIRONS, COUTEAUX, MOULES, MERLU…
DES SPÉCIALITÉS QUI RAPPELLENT
LES VACANCES !

MOULES CHARENTAISES

OU MOUCLADE

POUR 4 PERSONNES
PRÉPARATION : 30 MIN
CUISSON : 20 MIN

1,5 KG DE MOULES DE BOUCHOT - 3 ÉCHALOTES - 1 GOUSSE D'AIL - 100 G DE BEURRE - 25 CL DE VIN BLANC DOUX (MONBAZILLAC OU SAUTERNES) - 1 BOUQUET GARNI - 8 G DE CURRY EN POUDRE - 20 G DE FARINE - 25 CL DE CRÈME FRAÎCHE

Préchauffez le four à 180 °C (th. 6). Ébarbez les moules une à une. Jetez celles qui sont ouvertes. Lavez-les dans plusieurs eaux.

Épluchez et hachez les échalotes et l'ail. Dans un faitout, faites-en revenir la moitié avec 20 g de beurre. Versez le vin et, dès les premiers bouillons, ajoutez les moules ainsi que le bouquet garni, couvrez et faites cuire environ 5 minutes à feu vif. Toutes les moules doivent s'ouvrir.

Égouttez-les au-dessus d'un saladier afin de récupérer le jus et filtrez-le à travers un chinois. Décortiquez les moules pour ne garder qu'une coquille et disposez-les à plat dans un plat allant au four. Couvrez-les d'une feuille de papier sulfurisé afin de les garder au chaud.

Dans une casserole, faites revenir le reste des échalotes et de l'ail avec le reste du beurre. Ajoutez le curry et faites revenir 1 minute. Incorporez la farine, puis versez petit à petit le jus filtré des moules et la crème et fouettez doucement jusqu'à épaississement.

Nappez les moules de cette sauce puis passez-les au four quelques minutes pour les réchauffer et les colorer légèrement.

SUGGESTION

Si vous préférez garder **LES DEUX COQUILLES,** VERSEZ LA CRÈME AU CURRY **SUR LES MOULES** APRÈS LES AVOIR REMISES DANS le faitout et faites-les REVENIR **2** OU **3** MINUTES *à feu doux.* **C'EST TELLEMENT** BON DE LES MANGER **AVEC LES DOIGTS !**

MERLU KOSKERA

POUR 4 PERSONNES
PRÉPARATION : 20 MIN
CUISSON : 30 MIN

4 DARNES DE MERLU DE LIGNE - 50 G DE FARINE - 10 CL D'HUILE D'OLIVE - 400 G DE PALOURDES - 350 G D'ASPERGES - 400 G DE PETITS POIS FRAIS - 3 GOUSSES D'AIL - 2 CUILL. À SOUPE DE PERSIL HACHÉ - 20 CL DE VIN BLANC SEC - 1/2 PIMENT D'ESPELETTE - SEL ET POIVRE DU MOULIN

Farinez légèrement les darnes de merlu. Versez la moitié de l'huile d'olive dans une poêle antiadhésive et faites revenir les darnes. Au bout de 2 minutes, retournez-les à l'aide d'une spatule en veillant à ne pas les abîmer. Poursuivez la cuisson 2 minutes de plus à feu vif.

Lavez les palourdes dans plusieurs eaux afin de les débarrasser du sable. Pelez les asperges à l'aide d'un économe, coupez l'extrémité dure et passez-les sous l'eau froide. Écossez les petits pois.

Portez de l'eau salée à ébullition et faites blanchir les asperges pendant 6 minutes. Retirez-les à l'aide d'une écumoire, puis, dans la même eau de cuisson, plongez les petits pois 3 minutes. Égouttez-les et passez-les aussitôt sous l'eau froide afin de stopper leur cuisson.

Pelez l'ail et coupez-le en lamelles. Versez le reste de l'huile d'olive dans une casserole et faites revenir l'ail à feu doux environ 2 minutes. Il ne doit pas roussir, cela lui donnerait un goût amer. Ajoutez le persil, mélangez et mouillez avec le vin blanc. Portez à frémissements et réservez.

Prenez un plat en terre (appelé « cazuela » au Pays basque) qui puisse aller sur le feu ou sur une plaque à induction. Disposez l'ail cuit et les darnes de merlu dans le plat en les espaçant. Ajoutez les asperges, les petits pois, le piment d'Espelette coupé en lanières et les palourdes fermées, qui s'ouvriront lors de la cuisson. Versez le vin blanc autour des ingrédients. Arrosez d'un filet d'huile d'olive, salez et poivrez. Placez la cazuela à feu doux et laissez mijoter de 15 à 20 minutes. À mi-cuisson, retournez les tranches de merlu afin qu'elles restent bien moelleuses. Servez bien chaud.

LE SAVIEZ-VOUS ?

AU PAYS BASQUE, ON SERT LE MERLU KOSKERA ACCOMPAGNÉ **D'ŒUFS DURS** coupés en deux que l'on dispose SUR LE PLAT EN TERRE APPELÉ **CAZUELA**.

MARMITAKO
DE THON

POUR 4 PERSONNES
PRÉPARATION : 20 MIN
CUISSON : 45 MIN

800 G DE THON ROUGE - 2 OIGNONS - 2 GOUSSES D'AIL - 4 PIMENTS VERTS DOUX (OU À DÉFAUT, DES POIVRONS VERTS) - 1 PIMENT ROUGE DOUX (OU À DÉFAUT, 1 POIVRON ROUGE) - 4 TOMATES MÛRES - 6 POMMES DE TERRE - HUILE D'OLIVE - 50 CL DE VIN BLANC - SEL ET POIVRE DU MOULIN

Coupez le thon rouge en gros cubes. Épluchez les oignons et l'ail. Hachez-les finement. Ôtez le pédoncule des piments, épépinez-les et coupez-les en petits dés. Lavez les tomates, épluchez les pommes de terre et coupez le tout en petits cubes.

Versez de l'huile d'olive dans une grande sauteuse et faites-y revenir tous les légumes environ 5 minutes, en remuant régulièrement pour que les ingrédients n'attachent pas. Ajoutez le thon, salez et poivrez. Mouillez avec le vin blanc et ajoutez un peu d'eau si nécessaire. Les ingrédients doivent être presque couverts. Couvrez la sauteuse et laisse mijoter à feu doux pendant 40 minutes.

Dégustez bien chaud.

LE SAVIEZ-VOUS ?

LA PÊCHE AU THON EST UNE PRATIQUE ANCESTRALE dans le golfe de *Gascogne*. POUR RESPECTER LES QUOTAS, **LA PÊCHE AU THON ROUGE** EST TRÈS **RÉGLEMENTÉE** ET **SURVEILLÉE.** MÊME AU PAYS BASQUE, IL EST DE PLUS EN PLUS *difficile d'en trouver* **SUR LES ÉTALS DES POISSONNIERS.** AUSSI, SI VOUS N'EN TROUVEZ PAS, VOUS POUVEZ LE REMPLACER **PAR DU THON BLANC**.

COUTEAUX À LA PLANCHA

POUR 4 PERSONNES
PRÉPARATION : 5 MIN
CUISSON : 5 MIN
TREMPAGE : 2 H

2 KG DE COUTEAUX (SI VOUS LES SERVEZ EN ENTRÉE OU EN TAPAS) - 5 CL D'HUILE D'OLIVE VIERGE - THYM FRAIS - ROMARIN FRAIS - LE JUS DE 1 CITRON - SEL ET POIVRE DU MOULIN

Afin de les débarrasser du sable qu'ils contiennent, faites tremper les couteaux pendant 2 heures dans de l'eau froide salée. Changez l'eau plusieurs fois jusqu'à ce qu'elle reste bien claire.

Faites chauffer une plancha. Huilez-la et répartissez les couteaux sur la plaque bien chaude sans qu'ils se chevauchent. Au contact de la chaleur, ils vont s'ouvrir quasi instantanément. Parsemez-les aussitôt de thym et de romarin frais. Arrosez avec le jus de citron et un peu d'huile d'olive. Donnez un tour de moulin à poivre et retirez les couteaux de la plancha. Ils ne doivent pas cuire longtemps, sinon ils seront caoutchouteux.

Si vous n'avez pas de placha, vous pouvez aussi cuire les couteaux au four : pour cela, préchauffez-le à 200 °C (th. 6-7). Disposez les couteaux sur la plaque du four et enfournez jusqu'à ce qu'ils s'ouvrent. Ensuite, procédez de la même façon que pour la recette à la plancha.

LE SAVIEZ-VOUS ?

Voici un plat économique ET TRÈS FACILE À RÉALISER. **EN REVANCHE, ATTENTION, LES COUTEAUX** DOIVENT ÊTRE *très frais*.

IDÉE : vous pouvez aussi préparer une persillade et la parsemer sur les couteaux dès qu'ils se sont ouverts.

CHIPIRONS AUX POIVRONS ET AU CHORIZO

POUR 4 PERSONNES
PRÉPARATION : 20 MIN
CUISSON : 10 À 15 MIN

1 KG DE CALAMARS FRAIS - 2 GOUSSES D'AIL - 1 OIGNON - 1 POIVRON ROUGE - 1 POIVRON JAUNE - 1/2 POIVRON VERT - 3 CUILL. À SOUPE D'HUILE D'OLIVE - 12 TRANCHES FINES DE CHORIZO - 1 CUILL. À SOUPE RASE DE PERSIL CISELÉ - LE JUS DE 1/2 CITRON - SEL ET POIVRE DU MOULIN

Demandez à votre poissonnier de préparer les calamars. Une fois chez vous, lavez-les bien dans plusieurs eaux et séchez-les à l'aide de papier absorbant. Coupez-les en rondelles.

Pelez les gousses d'ail et l'oignon, puis émincez-les. Lavez les poivrons et coupez-les en deux dans la longueur. Ôtez le pédoncule et les graines, puis détaillez-les en lanières.

Versez l'huile d'olive dans une poêle (ou un wok) ou sur une plancha. Quand elle est chaude, faites revenir l'oignon, les poivrons et le chorizo. Faites-les revenir 2 ou 3 minutes à feu vif, puis ajoutez les calamars. Retirez l'eau rejetée par les calamars à l'aide d'une cuillère. Lorsqu'il n'y a plus d'eau, les calamars et les poivrons vont pouvoir bien dorer. Mélangez souvent afin qu'ils n'attachent pas. Comptez 5 à 6 minutes de cuisson.

Environ 2 minutes avant la fin de la cuisson, ajoutez l'ail et le persil. Remuez bien. Le persil ne doit pas brûler, n'hésitez pas à baisser le feu si nécessaire. Salez et poivrez. Lorsque le feu est éteint, ajoutez le jus de citron, remuez et servez aussitôt.

À SAVOIR : Vous pouvez servir les chipirons en entrée ou en plat, accompagnés de riz.

LE SAVIEZ-VOUS ?

AU PAYS BASQUE, ON APPELLE LES PETITS CALAMARS **DES CHIPIRONS.** Mais ils peuvent aussi porter LE NOM *d'encornets* OU DE SUPIONS. ILS SONT PÊCHÉS au large de *Saint-Jean-de-Luz*. C'EST UNE DES GRANDES SPÉCIALITÉS DU PAYS BASQUE ET SI VOUS VOUS RENDEZ LÀ-BAS, VOUS *verrez qu'ils se cuisinent* **DE MULTIPLES FAÇONS.** Au Pays basque, on les déguste À L'APÉRITIF, EN TAPAS SERVIES DANS DES CASSOLETTES.

LES CANNELÉS
DOIVENT LEUR BELLE
couleur rouge
AUX MOULES EN CUIVRE
DANS LESQUELS ILS CUISENT
TRADITIONNELLEMENT.

CANNELÉS de Bordeaux

POUR 16 GRANDS CANNELÉS
PRÉPARATION : 20 MIN
CUISSON : 1 H 20
REPOS : 1 H 30

50 CL DE LAIT - 1 GOUSSE DE VANILLE - 30 G DE BEURRE + 30 G POUR LES MOULES - 250 G DE SUCRE - 100 G DE FARINE - 2 ŒUFS ENTIERS + 2 JAUNES - 1 CUILL. À SOUPE DE RHUM OU D'ARMAGNAC

Retirez la grille du four et préchauffez ce dernier à 210 °C (th. 7). Versez le lait dans une casserole avec la gousse de vanille fendue en deux dans la longueur et le beurre coupé en morceaux. Portez à ébullition.

Dans un saladier, fouettez le sucre, la farine, les œufs entiers et les jaunes, jusqu'à ce que le mélange soit bien lisse. Ajoutez le rhum ou l'armagnac. Versez petit à petit le lait vanillé chaud et mélangez bien : la pâte doit ressembler à une pâte à crêpes un peu épaisse. Laissez reposer au moins 1 heure au frais.

Beurrez généreusement des moules en cuivre ou en silicone. Disposez-les sur une grille. Versez-y la préparation pour les remplir aux deux tiers. Enfournez à mi-hauteur. Faites cuire 10 minutes, puis continuez la cuisson à 180 °C (th. 6) pendant 1 h 10. Laissez ensuite refroidir environ 30 minutes.

Laissez les cannelés tiédir avant de les démouler. Ils doivent avoir une croûte bien dorée et croustillante et un intérieur moelleux.

LE SAVIEZ-VOUS ?

LES CANNELÉS PEUVENT SE DÉGUSTER FROIDS mais ils sont bien **MEILLEURS 1 H** APRÈS LEUR SORTIE *du four. Ensuite, ils* ONT TENDANCE À SE RAMOLLIR et on perd le contraste entre **LE CROUSTILLANT** DE L'EXTÉRIEUR ET LE *moelleux de l'intérieur.*

À SAVOIR : La pâte à cannelés se conserve très bien au frais, vous pouvez donc la préparer la veille. Elle peut même se conserver 3 à 4 jours.

GÂTEAU BASQUE

POUR 6 À 8 PERSONNES
PRÉPARATION : 40 MIN
CUISSON : 40 MIN
REPOS : 1 À 2 H

30 G DE BEURRE POUR LE MOULE - 1 ŒUF POUR LA DORURE

→ POUR LA PÂTE

120 G DE BEURRE - 180 G DE SUCRE - 350 G DE FARINE T55 - 1 PINCÉE DE SEL FIN - 1 SACHET DE LEVURE CHIMIQUE - 2 ŒUFS - 2 CUILL. À SOUPE D'EXTRAIT DE VANILLE

→ POUR LA CRÈME

3 ŒUFS - 125 G DE SUCRE - 50 G DE FARINE - 40 CL DE LAIT - 2 CUILL. À SOUPE DE RHUM

Préparez la pâte. Dans un saladier, mélangez le beurre ramolli et le sucre de façon jusqu'à ce que le mélange soit crémeux. Ajoutez la farine, le sel, la levure, les œufs et l'extrait de vanille. Travaillez la pâte jusqu'à ce qu'elle soit bien lisse et formez une boule. Placez-la au réfrigérateur afin qu'elle durcisse.

Préparez la crème. Dans un saladier, fouettez les œufs et le sucre jusqu'à ce que le mélange blanchisse. Incorporez petit à petit la farine sans cesser de remuer. Versez le lait dans une casserole et portez-le à ébullition. Versez-en la moitié dans le saladier, tout en remuant afin d'éviter la formation de grumeaux. Reversez le tout dans la casserole. Faites chauffer sans cesser de remuer jusqu'à ce que la crème épaississe. Hors du feu, ajoutez le rhum. Versez la crème dans un saladier et laissez-la refroidir à température ambiante.

Préchauffez le four à 160 °C (th. 5-6). Beurrez un moule de 24 à 26 cm de diamètre. Partagez la pâte en deux. Étalez chaque pâton à l'aide d'un rouleau à pâtisserie pour obtenir 2 disques du diamètre du moule et d'environ 5 mm d'épaisseur.

Disposez un disque de pâte au fond du moule et faites-le remonter sur les bords en appuyant avec les doigts. Versez la crème refroidie sur la pâte, sans toucher les bords du moule. Disposez le second disque de pâte sur la crème et, à l'aide des doigts, soudez le bord des deux disques. Badigeonnez la pâte d'œuf battu. Vous pouvez l'inciser à l'aide d'un couteau afin de créer des décors. Enfournez pour 40 minutes.

CONSEIL

LAISSEZ REFROIDIR *avant de déguster.* **LE GÂTEAU BASQUE** EST MÊME MEILLEUR **LE LENDEMAIN.**

MERVEILLES
de mon enfance

POUR 40 À 50 MERVEILLES ENVIRON
PRÉPARATION : 15 MIN
CUISSON : 45 MIN
REPOS : 1 H

300 G DE FARINE - 3 ŒUFS - 40 G DE BEURRE FONDU - 1 PINCÉE DE SEL FIN - 1 CUILL. À SOUPE DE SUCRE EN POUDRE - 1 CUILL. À SOUPE D'EAU DE FLEUR D'ORANGER - 30 CL D'HUILE POUR FRITURE

Placez dans un saladier la farine, les œufs, le beurre fondu, le sel, le sucre et l'eau de fleur d'oranger. Travaillez les ingrédients avec les doigts jusqu'à obtention d'une pâte élastique. Vous pouvez également utiliser un robot. Formez une boule et couvrez-la d'un torchon. Laissez-la reposer environ 1 heure.

Partagez la pâte en 2 ou 3 morceaux pour pouvoir la travailler plus facilement. Avec un rouleau à pâtisserie, étalez-la le plus finement possible (2 à 3 mm d'épaisseur). À l'aide d'une roue crantée, découpez-la en bandes de 4 à 5 cm de large que vous couperez à nouveau de façon à former des rectangles.

Faites chauffer l'huile dans une sauteuse et plongez-y les morceaux de pâte. Prenez garde à ne pas laisser brûler les merveilles car leur cuisson est très rapide. Lorsqu'elles ont pris une jolie couleur dorée, retirez-les à l'aide d'une écumoire et disposez-les sur du papier absorbant. Saupoudrez de sucre semoule ou de sucre glace selon vos goûts.

Les merveilles se gardent plusieurs jours si vous les placez dans une boîte hermétique.

LE SAVIEZ-VOUS ?

Traditionnellement réalisées pour **MARDI GRAS**, **LES MERVEILLES** PORTENT ÉGALEMENT LE NOM D'« **OREILLETTES** » **DANS LA RÉGION. AMUSEZ-VOUS** *à créer des formes originales* avec une petite roue CRANTÉE ET CONSERVEZ-LES PLUSIEURS JOURS *dans des boîtes en fer.*

DE CAMBRAI
MARQUE DÉPOSÉE

TARTE AUX NOIX DU PÉRIGORD

POUR 4 À 6 PERSONNES
PRÉPARATION : 50 MIN
CUISSON : 40 MIN
RÉFRIGÉRATION : 30 MIN

→ POUR LA PÂTE SABLÉE
1 ŒUF - 75 G DE SUCRE GLACE - 225 G DE FARINE - 1 PINCÉE DE SEL - 125 G DE BEURRE

→ POUR LA GARNITURE
280 G DE CERNEAUX DE NOIX DU PÉRIGORD - 2 ŒUFS - 130 G DE SUCRE EN POUDRE - 1 SACHET DE SUCRE VANILLÉ

→ POUR LE CARAMEL
100 G DE SUCRE - 12 CL DE CRÈME LIQUIDE

LE SAVIEZ-VOUS ?

LA PRÉSENCE DE NOYERS *dans le Périgord* **REMONTERAIT À 17 000 ANS.** Il est donc normal que dans *la gastronomie périgourdine* ON TROUVE DES RECETTES **À BASE DE NOIX.** LA TARTE AUX NOIX EST UNE *de ces recettes incontournables,* transmises de génération en génération.

Préparez la pâte. Cassez l'œuf dans un saladier, ajoutez le sucre glace et fouettez jusqu'à ce que le mélange blanchisse. Dans un autre saladier, disposez la farine, le sel et le beurre. Malaxez le tout jusqu'à obtention d'une consistance sablée. Ajoutez l'œuf blanchi et continuez à malaxer jusqu'à obtenir une boule ferme. Enveloppez-la dans un torchon et réservez au frais pendant 30 minutes. Il est aussi possible d'utiliser un mixeur.

Préchauffez le four à 180 °C (th. 6). Étalez la pâte sur le plan de travail préalablement fariné. Garnissez-en un moule beurré. Faites bien remonter la pâte sur les bords et découpez ce qui dépasse. Recouvrez la pâte de papier sulfurisé et de légumes secs, puis faites cuire à blanc pendant 15 minutes.

Pendant ce temps, préparez la garniture. Mixez 80 g de cerneaux de noix, les œufs, le sucre et le sucre vanillé. Versez cette préparation sur le fond de tarte.

Baissez la température du four à 150 °C (th. 5). Enfournez la tarte pour 15 minutes. Dès la sortie du four, disposez dessus les cerneaux de noix restants en les enfonçant un peu dans la pâte.

Préparez le caramel. Placez dans une casserole le sucre et 12 cl d'eau, puis portez à ébullition jusqu'à ce que le mélange commence à blondir. Retirez la casserole du feu et versez petit à petit la crème liquide en faisant attention aux projections. Fouettez aussitôt le mélange, qui peut durcir un peu. Remettez à feu doux, sans cesser de remuer, jusqu'à obtention d'un caramel lisse et bien crémeux. Nappez la tarte de ce caramel mou.

MOUSSE AU CHOCOLAT

et piment d'Espelette

POUR 4 PERSONNES
PRÉPARATION : 10 MIN
REPOS : 4 H

200 G DE CHOCOLAT À PÂTISSER - 6 ŒUFS - 20 G DE BEURRE - 3 PINCÉES DE PIMENT D'ESPELETTE - 1 PINCÉE DE SEL

Cassez le chocolat en petits morceaux. Séparez les blancs d'œufs des jaunes.

Faites fondre au bain-marie le chocolat et le beurre coupé en petits morceaux. Remuez bien de façon à obtenir un chocolat lisse et brillant. Quand il est fondu, ajoutez le piment d'Espelette.

Montez les blancs d'œufs en neige avec le sel. Mélangez les jaunes d'œufs avec le chocolat fondu et versez le tout dans un saladier. Incorporez délicatement les blancs en neige, en procédant petit à petit.

Laissez prendre au réfrigérateur au moins 4 heures. Si vous y laissez la mousse au chocolat toute une nuit, elle n'en sera que meilleure.

LE SAVIEZ-VOUS ?

LE CHOCOLAT EST ARRIVÉ EN FRANCE **PAR LE PORT DE BAYONNE** au tout début du XVIIe siècle. *Quoi de plus normal, alors,* QUE DE LE MARIER AVEC **LE PIMENT D'ESPELETTE,** PUR PRODUIT DU *Pays basque* ! Il existe d'ailleurs dans **CETTE VILLE DU PAYS BASQUE** SITUÉE À L'EMBOUCHURE DE L'ADOUR **UN MUSÉE DU CHOCOLAT.**

IDÉE : au moment de servir, ajoutez 1 pincée de piment d'Espelette sur la mousse au chocolat.

CROUSTADE AUX POMMES

LA CROUSTADE GASCONNE EST AUSSI APPELÉE « TOURTIÈRE » OU « PASTIS GASCON ». LA RECETTE QUE JE VOUS DONNE ICI EST UNE *version simplifiée* DE L'AUTHENTIQUE CROUSTADE, car celle-ci demande UNE DEXTÉRITÉ ET UN SAVOIR-FAIRE QUI DÉCOURAGERAIENT N'IMPORTE QUEL *pâtissier* MOTIVÉ.

POUR 4 PERSONNES
PRÉPARATION : 15 MIN
CUISSON : 30 MIN
REPOS : 15 MIN

4 POMMES GOLDEN - 5 CL D'ARMAGNAC - 1 ROULEAU DE PÂTE FEUILLETÉE - 50 G DE SUCRE EN POUDRE - 2 SACHETS DE SUCRE VANILLÉ - 50 G DE BEURRE - 6 À 8 FEUILLES DE PÂTE FILO

Préchauffez le four à 180 °C (th. 6). Pelez les pommes, ôtez le trognon et coupez-les en lamelles de 5 mm d'épaisseur, comme pour une tarte aux pommes. Placez-les dans un saladier, arrosez-les d'armagnac et laissez-les macérer 15 minutes.

Déroulez la pâte feuilletée et disposez-la dans un moule à tarte ou à manqué de 26 cm de diamètre. Piquez-la à l'aide d'une fourchette. Disposez les pommes sur la pâte, puis saupoudrez-les de 40 g de sucre et du sucre vanillé.

Faites fondre le beurre pendant 30 secondes au four à micro-ondes, puis badigeonnez-en les feuilles de pâte filo. Coupez ces dernières en deux et froissez-les comme vous le feriez avec du papier. Disposez-les sur les pommes de façon à les couvrir entièrement : on ne doit plus les voir. Saupoudrez avec le reste du sucre.

Placez la croustade dans le four, de préférence en position basse pour que le feuilletage ne brûle pas. Laissez cuire 25 à 30 minutes. La pâte filo doit prendre une jolie couleur dorée. Servez tiède.

TABLE DES ÉQUIVALENCES FRANCE-CANADA

POIDS

55 g	2 onces	200 g	7 onces	500 g	17 onces
100 g	3 onces	250 g	9 onces	750 g	26 onces
150 g	5 onces	300 g	10 onces	1 kg	35 onces

Ces équivalences permettent de calculer le poids à quelques grammes près (en réalité, 1 once = 28 g).

CAPACITÉS

25 cl	1 tasse	75 cl	3 tasses
50 cl	2 tasses	1 l	4 tasses

Pour faciliter la mesure des capacités, une tasse équivaut ici à 25 cl (en réalité, 1 tasse = 8 onces = 23 cl).

Corinne Jausserand remercie vivement :

Le linge de jadis: pour son joli linge de maison ancien : www.lelingedejadis.net ; **Le Creuset** pour ses cocottes en fonte : www.lecreuset.fr ; **Truffes de France** pour ses magnifiques truffes : www.truffesfrance.com ; **Montfort** pour ses foies gras, confits et magrets : www.montfort.com ; **Les peintures Ressource** pour leurs belles teintes : www.ressource-peintures.com ; **De Buyer** pour ses ustensiles de cuisine : www.debuyer.com

Je suis très heureuse et fière d'avoir pu écrire ce livre sur les recettes du Sud-Ouest, cette belle région chère à mon cœur où j'adore aller me ressourcer. Je dédie ce livre à ma famille et à tous mes amis qui ont la chance de vivre dans ce pays de Cocagne !

DIRECTION DE PUBLICATION : ISABELLE JEUGE-MAYNART & GHISLAINE STORA

DIRECTION ÉDITORIALE : AGNÈS BUSIÈRE / ÉDITION : JULIE MÈGE

COUVERTURE, CONCEPTION GRAPHIQUE ET MISE EN PAGE : EMILIE LAUDRIN

FABRICATION : DONIA FAIZ

ISBN 978-2-03-589568-4

Photogravure Nord Compo, Villeneuve d'Ascq

Imprimé en Espagne par Graficás Estella, Estella

Dépôt légal : mai 2015 - 313570/01 - 11025720 avril 2015

ICI